Von E. Gambsch sind außerdem erschienen:

Die 300 besten Party-Witze (Band 2648)
Die 300 besten Pfarrer-Witze (Band 2649)
Die 300 besten Tier-Witze (Band 2650)
Die 300 besten Erotik-Witze (Band 2651)
Die 300 besten Ärzte-Witze (Band 2768)
Die 300 besten Polizisten-Witze (Band 2769)
Die 300 besten Beamten-Witze (Band 2770)
Die 300 besten Psychiater-Witze (Band 2771)
Die 300 besten Ehe-Witze (Band 2772)
Die 300 besten Sex-Witze (Band 2773)
Die 300 besten Männer-Witze (Band 2779)
Die 300 besten Irren-Witze (Band 2780)
Die 300 besten Horror-Witze (Band 2781)
Die 300 besten Büro-Witze (Band 2782)
Die 300 besten Autofahrer-Witze (Band 2783)
Die 300 besten Juristen-Witze (Band 2784)
Die 300 besten Graf-Bobby-Witze (Band 2785)
Die 300 besten Bayern-Witze (Band 2795)
Die 300 besten Schüler-Witze (Band 2796)
Die 300 besten Sportler-Witze (Band 2798)
Die 300 besten Vertreter-Witze (Band 2799)
Die 200 besten Dino-Witze (Band 73023)

Dieses Buch wurde auf chlor- und säurefreiem Papier gedruckt.

Originalausgabe August 1995
© 1995 Droemersche Verlagsanstalt Th. Knaur Nachf., München
Das Werk einschließlich aller seiner Teile ist urheberrechtlich geschützt.
Jede Verwertung außerhalb der engen Grenzen des Urheberrechts-
gesetzes ist ohne Zustimmung des Verlages unzulässig und strafbar.
Das gilt insbesondere für Vervielfältigungen, Übersetzungen,
Mikroverfilmungen und die Einspeicherung und Verarbeitung
in elektronischen Systemen.
Umschlagillustration: Dietmar Grosse, München
Satz: IBV, Berlin
Reproduktion: Repro Knopp, Inning
Druck und Bindung: Ebner Ulm
Printed in Germany
ISBN 3-426-73040-5

5 4 3 2

E. Gambsch (Hrsg.)
Die 300 besten Politiker-Witze

Mit Illustrationen von Dietmar Grosse

Inhalt

»Gut, dann spende ich Beifall!«

oder

Wahlkampf, Wahlkampf über alles

Der Kandidat hält seine schwungvolle Rede auf einer Wahlversammlung. Plötzlich ein Zwischenruf aus dem Zuhörerkreis: »Mann, quatschen Sie doch nicht soviel – geben Sie endlich zu, daß Ihre Karriere von irgend jemand gefördert wird!«
Der Redner verwirrt: »Bitte, lassen Sie meine Frau aus dem Spiel!«

*

Bei der Wahlveranstaltung geht es hoch her. Der Wahlredner brüllt dazwischen: »Bitte Ruhe, meine Damen und Herren. Ich verstehe ja mein eigenes Wort nicht mehr!«
Darauf ein Zwischenrufer: »Keine Angst, da versäumen Sie nichts!«

*

Wütend kommt Brigitte von einer Wahlversammlung nach Hause und beschwert sich: »Da redet doch dieser komische Mensch drei Stunden lang über Politik, und kein einziges Kleid wird vorgeführt.«
Fragt Uli: »Wie hieß denn das Thema?«
»Die Frau im neuen Staat!«

Es sagte Heide Simonis:

»Im Wahlkampf erhöht sich nicht unbedingt die konzeptionelle Denkfähigkeit.«

Wahlversammlung. Der Kandidat redet und redet. Da sagt eine Zuhörerin zur Nachbarin: »Ich verstehe zwar nichts von Politik, aber für Entspannung bin ich auch.«

Ein bayrischer Politiker auf einer Wahlversammlung: »Es ist ja gar nicht wahr, daß die Preise immer weiter steigen. Ich trinke zum Beispiel seit dreißig Jahren immer das gleiche Getränk, und das ist die ganze Zeit nicht teurer geworden.«

Zwischenruf: »Welches Getränk?«

Der Politiker: »Freibier.«

Es sagte Hermann Höcherl:

»Die Munition für den Wahlkampf ist die einzige, die nicht trocken sein darf.«

Der Politiker hält eine Wahlrede, da kommt ein Kohlkopf in Richtung Rednerpult geflogen. Er weicht elegant aus und meint geistesgegenwärtig: »Da scheint einer meiner Gegner tatsächlich den Kopf verloren zu haben!«

*

Der Wahlkampf steht auch im Mittelpunkt der Diskussion beim Ehepaar Steiner. »Ich sage dir«, trumpft Frau Steiner auf, »jetzt wird alles ganz anders. Wir Frauen werden nun politisch aktiv mit einem eisernen Besen den Saustall der Männer auskehren.«

»Schön«, strahlt Papa Steiner überraschend sanft, »am besten ist, du fängst gleich mit dem Wohnzimmer an!«

*

Warum machen Politiker bei Wahlreden oft so große Augen?

Beim Lügen vergrößern sich die Pupillen.

»Ich nehme an«, sagt der Politiker auf einer Wahlversammlung, »daß man eine Rede von mir erwartet. Über was soll ich denn reden?«
Da ertönt eine kräftige Stimme aus dem Hintergrund: »Auf keinen Fall über drei Minuten!«

*

Ein Bauer fährt mit seinem vollbeladenen Wagen einen steilen Berg hinauf! Plötzlich bleiben die Ochsen stur stehen und wollen nicht weiter. Der Bauer spornt die Tiere an, aber die beiden Ochsen rühren sich nicht. Da kommt ein Politiker, der sich auf Wahlreise befindet, vorbei. Mitleidig geht er zu dem Ochsengespann, sagt dem einen Ochsen was ins Ohr, und ruck, zuck ziehen die Ochsen an. Der Bauer fragt neugierig: »Na, was haben Sie den Ochsen ins Ohr gesagt?«
»Mein Trick wird nicht verraten!« sagt da der Politiker. »Hauptsache, die Ochsen hören auf mich.«

Es sagte Winston Churchill:

»Eine gute Rede soll das Thema erschöpfen, aber keineswegs die Zuhörer.«

Zwei Politiker unterhalten sich über die Interessenlosigkeit weiter Schichten der Bevölkerung. »Wenn ich eine Wahlrede halte«, sagt der eine, »dann habe ich oft beobachtet, wie die Zuhörer gequält auf ihre Uhren schauen.«
»Das stört mich nicht im geringsten«, erwidert der andere. »Mich stört es erst, wenn sie ihre Uhren ans Ohr halten, um zu horchen, ob sie noch gehen.«

Wahltag in einem kleinen Ort in Oberbayern. Sepp will wählen und erhält vom Wahlleiter einen versiegelten Umschlag.

»Da hinein!« sagt der Wahlleiter und zeigt auf den Urnenschlitz. Sepp will den Umschlag öffnen.

»Zulassen«, knurrt der Wahlleiter. »Da hinein!«

»Aber ich muß doch mein Kreuz machen.«

»Schon passiert.«

»Aber ich will doch wenigstens wissen, wen ich gewählt habe.« Sepp reißt den Brief an sich.

Da haut ihm der Wahlleiter auf die Finger: »Zulassen. Noch nie was von geheimer Wahl gehört?«

*

An einem Stammtisch wurde darüber diskutiert, was Politik sei. Da meinte Freund Bogerle: »Wahlkampf ist die Kunst, Geld von den Reichen und Stimmzettel von den Armen zu ergattern – unter dem Vorwand, jeden der beiden vor dem anderen zu schützen.«

*

»Wir werden frei sein. Frei von Anarchismus, Kommunismus, Terrorismus«, ruft der Kandidat in die Wahlversammlung.

Da kommt eine Stimme von hinten: »Und wie ist es mit dem Rheumatismus?«

*

Politiker unter sich: »Mit Rücksicht auf meinen Hals mußte ich bei der gestrigen Wahlveranstaltung meine Rede stark kürzen!«

»Hattest du so eine starke Halsentzündung?«

»Nein, aber die Zuhörer wollten ihn mir umdrehen!«

»Sie wollen also als Finanzminister bestimmt keine neuen Steuern einführen?« fragt ein Zuhörer nach der großen Wahlrede den kommenden Mann.

»Auf keinen Fall«, erklärt der Redner bestimmt.

»Wunderbar! Aber wie wollen Sie das große Defizit ausgleichen?«

»Durch Mehreinnahmen.«

»Aha. Aber wie soll das ohne neue Steuern möglich sein?«

»Ganz einfach. Ich erhöhe die alten Steuern um das Doppelte.«

Es sagte George Brown:

»Fortschritt in der Politik ist manchmal nur das Gefühl, das man in einem stehenden Eisenbahnzug hat, wenn nebenan ein anderer fährt.«

Der Parteiredner im Wahlkampf: »Gespart muß werden, koste es, was es wolle!«

Es sagte Gustav Stresemann:

»Wer ohne Hoffnung ist, der soll die Hand von der Politik lassen.«

Der Spitzenkandidat spricht. Flüstert sein Parteifreund: »Gestern war er besser.«

»Gestern hat er doch gar nicht gesprochen.«

»Eben.«

Ein sehr kleiner Junge saß vor dem Fernsehapparat und lauschte mit offensichtlicher Spannung der Wahlrede eines Politikers. Dem überraschten Vater, der soeben von der Arbeit nach Hause kam, erklärte die Mutter: »Er hört schon seit einer Stunde zu. Ich habe ihm gesagt, das sei eine Art Märchenstunde. Und das findet er herrlich!«

Es sagte Walt Whitman:

»Demokratie ist der göttliche Durchschnitt.«

Der stramme Emil genehmigt sich abends nach getaner Arbeit einen Doppelten. Neben ihm steht ein Herr, der ihn über den Wahlausgang in ein Gespräch zieht. Unlustig gibt ihm der stramme Emil Antwort.
»Sagen Sie mal«, ereifert sich der Herr, »was sind Sie denn eigentlich? Sozialist?«
»Nein.«
»Doch nicht etwa gar ein Kommunist?«
»Nein.«
»Liberaler?«
»Nein.«
»Vielleicht sogar ein Grüner?«
»Nein.«
»Ja, zum Donnerwetter, was sind Sie denn eigentlich?«
»Fernlastfahrer.«

*

Der Geschäftsführer der Partei zu seinen Parteifreunden: »Bitte, fahren Sie in diesem Wahljahr besonders vorsichtig. Denken Sie immer daran: Der Mann, den Sie überfahren könnten, wollte vielleicht für unsere Partei stimmen.«

Bei einer Wahlveranstaltung klammert sich der Politiker an ein Thema, das keinen Zuhörer interessiert. Ein Besucher schlüpft geräuschlos aus dem Saal. Im Flur trifft er einen Bekannten, der schon zehn Minuten früher geflohen ist. »Na, ist er endlich fertig?« fragt der zuerst Geflohene. »Schon lange, aber er hört trotzdem nicht auf!«

Es sagte G. B. Shaw:

»Für einen Politiker ist es gefährlich, die Wahrheit zu sagen. Die Leute könnten sich daran gewöhnen, die Wahrheit hören zu wollen.«

Zwei Politiker hören sich die Wahlrede eines Kandidaten an. Sagt der eine: »Ich wollte, dieser unfähige Kerl würde einen Rückzieher machen.«
»Na«, meint der andere, »ich fände es doch besser, wenn sein Vater einen gemacht hätte!«

Es sagte Winston Churchill:

»Eine der fröhlichsten Erfahrungen im Leben ist es, als Zielscheibe zu dienen, ohne getroffen zu werden.«

Einen Tag nach der Wahl treffen sich zwei Freundinnen. Fragt die eine: »Wie hast du gewählt?«
Sagt die andere: »In einem schwarz-weiß gestreiften Hosenanzug!«

GESTERN WAR SEINE REDE BESSER.
GESTERN HAT ER DOCH GAR NICHT GESPROCHEN.
EBEN.

»Darf ich Sie um eine kleine Wahlspende für unsere Partei bitten?«
»Was soll es denn sein?«
»Wir freuen uns über jede Spende, die wir bekommen.«
»Gut, dann spende ich Beifall.«

Es sagte H. L. Mencken:

»Sollte ein Politiker erfahren, daß es unter den Wählern Kannibalen gäbe, würde er nicht zögern, ihnen Missionare für den Sonntagstisch zu versprechen.«

In einem Städtchen in Missouri hält der Kandidat der Demokratischen Partei eine großangelegte Wahlrede. Der Saal ist gesteckt voll; zum Leidwesen des Kandidaten scheint das Publikum aber aus lauter Gegnern zu bestehen, die ihn mit Pfui-Rufen stören und schließlich dazu zwingen, die schöne Rede abzubrechen. Protestierend verläßt das Publikum den Saal. Der Kandidat der Demokratischen Partei bleibt vernichtet am Rednerpult zurück.
»Machen Sie sich nichts daraus!« sagt der Saaldiener tröstend. »Das war nur der Abschaum unserer Stadt. Die anständigen Leute sind alle zu Hause geblieben.«

*

Zwei Politiker verschiedener Parteien unterhalten sich auf einer Wahlveranstaltung. Da meint der eine: »Es mag viele Arten geben, Geld zu verdienen, aber nur eine ehrliche!«
»Und welche soll das sein?«
»Ich wußte doch, daß Sie die nicht kennen!«

Die Partygäste stehen in der Neujahrsnacht auf dem Balkon und bewundern die Raketen. »Ist es nicht sonderbar?« fragt ein Gast den anderen. »Die roten kommen immer am höchsten...«
»Bitte, auf meiner Party keine politischen Gespräche, meine Herren«, sagt der Hausherr, »und schon gar keine Wahlprognosen!«

Es sagte Marianne Strauß:

»Mein Mann ist ein Brettlbohrer. Er bohrt so lange, bis er durch ist, mag das Brett auch noch so dick sein.«

Vor einer Wahl erhielt ein profilloser Minister einen Brief mit dem Hinweis: »Jesaia 4,1, 24.«
Der Referent schlug in der Bibel nach und las: »Siehe, Ihr seid aus nichts, und Euer Tun ist auch aus nichts, und Euch wählen ist ein Greuel.«

Es sagte Hermann Höcherl:

»Es ist gefährlich, wenn jemand in der Politik seinen Charme einsetzt. Das hindert die anderen daran, ihren Verstand einzusetzen.«

Nach der letzten Wahl treffen sich zwei Bekannte. Sagt der eine: »Ich habe FDP gewählt.«
Der andere: »Ach, Sie waren das.«

Repräsentativbefragung vor der Wahl beim Ehepaar Leisegut. Plötzlich brüllt Herr Leisegut seine Frau an: »Sag' doch nicht andauernd ›Keine eigene Meinung‹! Ich habe dir doch gestern genau gesagt, was du von dieser Scheißpolitik zu halten hast!«

*

Ein Landratsamt will vom Bürgermeister wissen, wie viele und welche sanitären Anlagen sich in seinem Ort befinden. Seine Antwort: »Als sanitäre Anlagen besitzt unser Ort eine Gemeindeschwester.«

Es sagte Joschka Fischer:

»Man kann nicht so lange wählen lassen, bis einem das Ergebnis paßt.«

Die kleine Stadt hat hohen Besuch. Der Bundespräsident weilt in ihren Mauern. Die Kinder haben schulfrei, stehen am Straßenrand und winken mit Fähnchen. Gerührt sieht dies das Staatsoberhaupt, das mit seiner Fahrzeugkolonne langsam durch das Städtchen fährt. »Sagen Sie mal, Herr Bürgermeister, wo kommen nur diese vielen Kinder her?« »Aber Herr Präsident«, antwortet der Bürgermeister stolz, »wir haben uns doch lange auf Ihren Besuch vorbereitet!«

*

»Tut es Ihnen nicht leid, daß Sie nicht ins Parlament gewählt wurden?«
»Im Gegenteil. Was ich alles versprochen habe, hätte ich sowieso nie halten können!«

»Wie steht es mit dem Eierlegen?«

oder

Lokalpolitik en gros und en detail

Das Innenministerium arbeitet an einer Untersuchung über radikale politische Gruppen. Deshalb wird auch ein Dorfbürgermeister gefragt, ob es in seinem Ort Extremisten gäbe. »Wie soll ich sie denn erkennen?« fragt er zurück. Die Antwort: »Das sind Leute, die nichts tun und trotzdem gut verdienen.«

»Ach so«, meint der brave Mann, »da haben wir nur einen, unseren Pfarrer.«

*

Der Bürgermeister bekommt die Nachricht, daß seine Frau soeben Fünflinge geboren habe. Aufgeregt schwingt er seine Glocke und ruft: »Ich verlange, daß die Volkszählung nochmals durchgeführt wird!«

Es sagte Amintore Fanfani:

»Niemand kann sich so aufregen wie ein betrogener Falschspieler. In der Politik ist das genauso wie am Kartentisch.«

Ein Landtagskandidat unterhält sich mit einem Bauern. Der junge Kandidat redet sich in Hitze; er verspricht, gründlich aufzuräumen, ja sogar, die Regierung zu stürzen.

»Da bin ich nicht dafür«, sagt der Bauer.

»Warum nicht? Sind Sie mit der Regierung zufrieden?«

»Nein, aber ich weiß aus Erfahrung, daß Schweine, die ich gerade erst gekauft habe, doppelt so viel fressen wie die, die schon ein bißchen Fett angesetzt haben. Deshalb bin ich für die alte Garnitur.«

Der Landtagspräsident weiht ein neues Straßenstück ein. Plötzlich ist er umringt von einer Schar weißgekleideter Jungfrauen. »Sagen Sie«, wendet er sich leise an den Bürgermeister, »haben Sie denn in Ihrem netten Örtchen so viele Jungfrauen?«

»Bei uns«, sagt der Bürgermeister, »sind alle die Jungfrauen, die keine unehelichen Kinder haben.«

*

Ein Minister kommt auf einer Inspektionsreise in einen Marktflecken, wo kurz vorher ein großes Volksfest mit Ausstellung stattgefunden hat. Da sagt der hohe Gast teilnahmsvoll zum Bürgermeister: »Bei dem andauernd schlechten Wetter haben Sie wohl ein schönes Defizit gehabt?«

»Was? Defizit? Draufzahlt hab'n wir!« war die Antwort des Ortsoberhauptes.

*

»Merkwürdig, Herr Bürgermeister, daß die Einwohnerzahl Ihres Dorfes seit Jahren konstant bleibt. Registrieren Sie denn die Geburten nicht mehr?«

»Selbstverständlich werden sie erfaßt. Doch jedesmal, wenn ein Kind zur Welt kommt, verschwindet ein junger Bursche aus dem Dorf!«

*

»Wenn du jetzt in den Gemeinderat gewählt wirst – könntest du dann meinem Sohn nicht zu einem Posten in der Verwaltung verhelfen?«

»Aber sicher. Was kann er denn?«

»Leider überhaupt nichts.«

»Um so besser. Dann brauchen wir ihn nicht erst umzuschulen.«

Nachdem der Landtagsabgeordnete mit Tomaten beworfen wurde, beklagt er sich beim Oberbürgermeister: »Ich weiß gar nicht, was die Leute gegen uns haben? Wir tun doch gar nichts.«

*

Was ist der Unterschied zwischen einer geheimen und einer öffentlichen Gemeinderatssitzung?
Nach einer geheimen Sitzung erfährt man das Resultat nach einigen Stunden, während das Ergebnis einer öffentlichen Sitzung erst am nächsten Tag in der Zeitung zu lesen ist.

Es sagte Thornton Wilder:

»Politiker sollten so ehrlich sein, daß man jederzeit ein gebrauchtes Auto von ihnen kaufen könnte.«

»Wia's de Leit glei in Kopf steigt, wenn 's a bisserl was woarn san!« konstatiert der Moosrainer Barthl, »seit s'n Enhuber zum Bürgamoaster ham, ziagt a von da' Wurscht d'Haut owa.«

*

Lange streiten sich die Gemeinderäte des kleinen Dorfes um die Frage, ob die vom Einsturz bedrohte Friedhofsmauer repariert werden soll oder nicht.
»Was soll das ganze Geschwätz!« meint schließlich ein alter Bauer, »ob die Friedhofsmauer nun repariert wird oder nicht – die Toten können nicht heraus, und die Lebenden wollen nicht hinein!«

Anläßlich der Jubiläumsfeier kam der Regierungspräsident in das kleine Dorf. Es war sehr heiß. Nach der Führung durch das Dorf meinte der biedere Bürgermeister zu dem hohen Gast: »Jetzt sind Sie wohl hundsmäßig müde?«
»Ein Regierungspräsident ist niemals hundsmäßig müde!« meinte der Regierungsvertreter indigniert.
»Ach«, erwiderte der Landbürgermeister etwas verlegen, »ich habe mir halt das gedacht, weil Sie gar so saumäßig schwitzen!«

*

Rede des Bürgermeisters bei der Einweihung der neuen Feuerspritze: »Möge diese Spritze den älteren Jungfrauen unseres Ortes gleichen: Stets bereit, doch von niemand begehrt.«

Es sagte Winston Churchill:

»Demokratie ist die Notwendigkeit, sich gelegentlich den Ansichten anderer Leute zu beugen.«

Ein Bürger, der sich bei der Stadtverordnetenwahl beteiligt hatte, aber nicht gewählt worden war, bekam eine solche Wut auf die neue Stadtverwaltung, daß er eines Tages öffentlich erklärte: »Die Hälfte der Stadträte sind Schafsköpfe.«
Die Stadträte, denen dies zu Ohren kam, forderten den Unzufriedenen auf, seine Worte öffentlich zu widerrufen, da sie sonst gezwungen wären, ihn zu verklagen.
Der Bürger erklärte daraufhin: »Ich bescheinige hiermit öffentlich, daß die Hälfte der Stadträte keine Schafsköpfe sind.«

»Sagen Sie mal, Herr Landrat, wovon ernähren sich die Leute hier eigentlich?«
Landrat: »Größtenteils vom Spinnen, Herr Minister.«
Minister: »Es ist doch nicht zu glauben, was das arme Volk alles zusammenfrißt!«

Es sagte Manfred Rommel:

»Ich kann ja nicht darauf warten, daß die SPD mich einen Spitzbuben nennt, um das Vertrauen von diesem oder jenem CDU-Freund wiederzugewinnen.«

»Was denkst du über die Kandidaten zur Bürgermeisterwahl?«
»Ich bin froh, daß nur einer gewählt werden kann!«

Es sagte Willy Brandt:

»Die Demokratie darf nicht so weit gehen, daß in der Familie darüber abgestimmt wird, wer der Vater ist.«

Redner einer Wählerversammlung auf dem Lande: »Und so hoffe ich, daß Ihr mir vertrauensvoll Eure Stimmen geben werdet. Ich bin einer von Euch. Ich kann pflügen, eggen, säen, melken wie Ihr. Nennt mir nur einen Vorgang auf dem Bauernhof, den ich nicht beherrsche!«
Stimme aus dem Hintergrund: »Wie steht es mit dem Eierlegen?«

»Bitte, liebe Luise, lies in den nächsten Wochen keine Zeitung«, sagt der Gatte besorgt.
»Aber warum denn nicht?«
»Ich kandidiere in der Gemeindewahl, und ich möchte nicht, daß du nun erfährst, welch ein heimtückischer, gemeiner und hinterhältiger Schuft ich bin.«

*

»Wie kommt denn euer Bürgermeister zu dem blauen Auge?«
»Das ist das Mißtrauensvotum, das wir ihm gestern in der Gemeinderatssitzung ausgedrückt haben.«

> *Es sagte Robert Schuman:*
>
> »Am gefährlichsten in der Politik sind Leute mit starker Phantasie und schwachen Nerven.«

In einem oberbayrischen Dorf liegt ein alter Bauer im Sterben. Nachdem er beim Pfarrer gebeichtet hat, druckst er plötzlich herum.
Der Pfarrer: »Was hast du denn, Sepp?«
Der Bauer: »Ach, Hochwürden, ich bin halt gestern aus der CSU ausgetreten.«
Der Pfarrer: »Sei ganz ruhig. Das ist nicht so schlimm.«
Der Bauer: »Ja, aber da ist noch was! Ich bin gleich in die SPD eingetreten.«
Der Pfarrer stirnrunzelnd: »Mußte das unbedingt sein, Sepp?«
Darauf der Bauer: »Ja, ich hab' halt gedacht: Besser es stirbt einer von denen.«

»Warum sind Sie denn so wütend auf den neuen Bürgermeister?«

»Weil er uns vor der Wahl zwei Kisten Bier in die Werkstatt geschickt hat!«

»Aber das ist doch kein Grund, auf ihn wütend zu sein?«

»Doch! Denn jetzt nach der Wahl hat er uns die Rechnung geschickt!«

*

Die Landtagswahl wird vorbereitet. Im Parteibüro erscheint ein Landstreicher, unrasiert, verwahrlost, betrunken.

»Ich möchte mich als Landtagskandidat aufstellen lassen«, sagt er.

»Sie? Sind Sie verrückt?« fragt der Parteisekretär.

»Ist das Bedingung?« erkundigt sich der Landstreicher.

Es sagte Sepp Klasen:

»Wo kämen wir denn hin, wenn ein bayerischer Politiker seinen Gegner nicht einmal mehr Arschloch nennen darf?«

»Er ist stets zu tausend Spesen aufgelegt.«

oder

Abgeordnete haben immer Schonzeit

Eine Gehirnbank wird eingerichtet: Ein Juristenhirn kostet 5000 Mark, ein Theologenhirn 10000 Mark und ein Politikerhirn 50000 Mark.
Frage: »Warum ist das Politikerhirn so teuer?«
Antwort: »Wenig gebraucht. Fast neu.«

*

Der Chauffeur eines bekannten Politikers kündigt.
»Warum wollen Sie denn gehen?«
»Sehen Sie, wenn wir durch das Land fahren, höre ich die Leute immer wieder sagen, da fährt er, der Schweinehund – und da weiß ich nie, meinen die Leute Sie oder mich.«

Es sagte Aristide Briand:

»Ein Politiker sollte wenigstens alle zwölf Jahre seine Meinung ändern dürfen.«

Zwei Politiker gehen spazieren. Sie treffen eine Dame. Beide grüßen höflich. »Woher kennst du die junge Dame?«
»Von der Devisenabteilung. Und du?«
»Vom freien Verkehr.«

*

Erklärt die Mutter ihrer Tochter: »Und im Vertrauen, mein Kind, du brauchst dich nicht zu wehren, wenn dieser Politiker versuchen sollte, dich zu küssen.«
»Gut und schön, Mutti«, erwidert die Tochter, »aber er ist Innenpolitiker!«

Der Politiker will von seinem Nachbarn wissen: »Tun Sie auch etwas gegen die Umweltverschmutzung?«
»Natürlich«, sagt der. »Fahrkarten werfe ich nicht mehr weg. Ich benutze sie jetzt – auch aus Gründen der Ersparnis – mehrmals!«

Es sagte Talleyrand:

»Verrat ist in der Politik in erster Linie eine Frage des Datums.«

Zwei Politiker unterhalten sich: »Was sagten Sie neulich in Ihrer Rede zur Rentenreform?«
»Nichts.«
»Das ist mir klar, aber wie haben Sie es formuliert?«

Es sagte Paul Breitner:

»Ich glaube, jedes Volk ist zu jeder Zeit von seinen Politikern verhätschelt, verführt, verarscht, belogen und beschissen worden.«

Der kleine Dieter legt die Zeitung aus der Hand und fragt: »Vati, was ist denn der Unterschied zwischen einem guten und einem bösen Politiker?«
»Tja, mein Junge, das ist so: Ein guter Politiker glaubt nicht, was er sagt, und ein böser sagt nicht, was er glaubt.«

Die Politik ist ein Versuch des Politikers, zusammen mit dem Volk mit den Problemen fertig zu werden, die das Volk ohne Politiker niemals gehabt hätte.

Es sagte Bruno Kreisky:

»Die Intimsphäre muß auch bei Politikern geschützt werden, jedoch wird man so etwas eingrenzen müssen. Ein rein theoretisches Beispiel: Wenn ein Familienminister Besitzer einer Kette von Freudenhäusern ist, dann kann er nicht sagen, das sind persönliche Umstände.«

»Der achtzigjährige Politiker hat noch ein prachtvoll gesundes Herz!«
»Kein Wunder – er hat es ja nie benutzt!«

*

Manche Politiker nehmen nur deshalb kein Blatt vor den Mund, weil es schwierig ist, Blätter entsprechender Größe aufzutreiben.

*

Zwei Politiker unterhalten sich. »Die Lage ist hoffnungslos«, klagt der eine, »wenn nicht noch ein Wunder geschieht, ist der Staat bald pleite.«
»Wirklich schlimm«, meint der andere, »was machen wir dann nur?«
»Ja, was denn schon? Wir waschen unsere öffentlichen Hände in Unschuld!«

Ein Politiker beschwert sich beim Journalisten: »Haben Sie geschrieben, ich wäre ein Lügner und Geschäftemacher?«
»Nein, wir drucken nur Neuigkeiten!«

Es sagte Winston Churchill:

»Die wichtigste Eigenschaft eines Politikers besteht darin, vorauszusehen, was kommt, und später zu erklären, warum es nicht eintraf.«

Im Jahr 2020 gehen zwei Politiker durch die Stadt und bleiben vor einem Schaufenster stehen. Sagt der eine: »So schlimm ist das doch mit der Inflation gar nicht. Anzug 350 Mark, Kleid 180 Mark, Hose 110 Mark.«
Zischt der andere: »Komm schnell weiter, das ist doch die chemische Reinigung!«

Es sagte Harry Crowley:

»Gute Politiker sind wie Seidenraupen: Sie spinnen geduldig einen unscheinbaren Faden, aus dem zuletzt vielleicht etwas Glänzendes wird.«

»Meine Kinder haben meine Intelligenz von mir vererbt bekommen.«
»Stimmt«, sagt die Frau des Politikers. »Ich habe meine noch.«

Der Spitzenkandidat einer Partei wird von seinen Freunden bestürmt: »Walter, du mußt sofort nach Nürnberg. Dort verbreiten sie lauter Lügen über dich!«
»Tut mir leid, ich muß nach Augsburg. Dort sagen sie die Wahrheit.«

Es sagte Talleyrand:

»Wenn man die Redlichkeit eines Politikers allzu laut betont, zweifelt man an seinen Fähigkeiten.«

Der Politiker hat ein interessantes Interview gegeben. Will sein Kollege wissen: »Wo lassen Sie fragen?«

Es sagte Helmut Kohl:

»Politiker sind unentwegt auf der Flucht vor einer schlechten und auf der Suche nach einer guten Presse.«

Der Wirtschaftspolitiker ist nebenbei Dozent für Volkswirtschaft. Mit seinem Assistenten bespricht er die Fragen für das bevorstehende Examen.
»Moment mal«, sagt der Assi, »die Fragen haben Sie doch schon im vorigen Jahr gestellt. Und, wenn ich mich recht erinnere, auch schon vor vier Jahren.«
»Schon«, sagt der Politiker, »aber die richtigen Antworten sind jedesmal anders.«

»Was ist Ihr Sohn eigentlich von Beruf?«
»Politologe.«
»Ach, darum glänzen Ihre Möbel so!«

*

»Jede Mark, die ich besitze, wurde ehrlich verdient«, sagt
der Politiker.
»Sicher, aber von wem?«

Es sagte Henri Tisot:

»Mancher in der Politik hinterläßt eine Lücke, die
ihn vollständig ersetzt.«

Ein Politiker und seine Frau sind zur Eröffnung der Ball-
saison geladen. Als Auftakt des Festes soll der Ehrengast
eine Ansprache halten. Er entschließt sich, den Spickzet-
tel in der Tasche zu lassen und frei zu sprechen. So beginnt er schwungvoll: »Meine Damen und Herren, ich
habe die große Ehre, heute hier die Saison der Fest-
züge...«
»Bälle, Liebling – Bälle!« zischt ihm seine Frau zu.
»Wie bitte?« flüstert er ganz durcheinander.
»Bälle, Liebling, Bälle!«
»Na schön, Josephine, aber auf deine Verantwortung:
Wau, wau, wau!«

*

»Als ich in deinem Alter war«, sagt der Politiker zu seinem
Sohn, »habe ich gelernt, gelernt, gelernt...«
»Und«, erwidert der Sohn, »wozu hast du es gebracht?«

Schwimmt ein Politiker, wenn man ihn ins Wasser wirft? Zuerst schon, weil er hohl ist. Dann geht er aber doch unter, weil er nicht ganz dicht ist.

Es sagte Georges Clemenceau:

»Wenn ein Politiker stirbt, kommen viele zur Beerdigung nur deshalb, um sicher zu sein, daß man ihn wirklich begräbt.«

Der Politiker zum Bankdirektor: »Kann ich einen Kredit von fünfzigtausend Mark haben?«
»Selbstverständlich – wenn Sie Sicherheiten haben.«
»Genügt Ihnen das Wort eines ehrlichen Mannes?«
»Natürlich. Er soll sich bei mir melden.«

Es sagte Franz Josef Strauß:

»Ich halte nichts von Politikern, die vom Morgen bis zum Abend und von Januar bis Dezember immer nur von ihren Grundsätzen reden.«

Tilly traf Milly. »Gestern habe ich einen tollen Mann kennengelernt«, schwärmt Milly.
»Weißt du, was er ist?«
»Abgeordneter.«
»Da ist er wohl stets sehr ernst?«
»Aber nein, er ist immer zu tausend Spesen aufgelegt.«

Sagt der Abgeordnete: »Grauenvoll, wie der Kollege unserem Fraktionsvorsitzenden hinten hineinkriecht!«
»Wieso? Sind Sie ihm begegnet?«

*

Tagespolitiker unserer Zeit haben mit den Nachtwächtern vergangener Zeiten gemeinsam, daß sie auf Staatskosten ins Horn stoßen.

Es sagte Amintore Fanfani:

»Politik ist wie Orthographie: Manches war lange ein Fehler und plötzlich ist es das Richtige.«

Ein alter, sehr erfahrener Korrespondent weist seinen jungen Nachfolger ein. Der junge Mann lauscht den Ausführungen seines Vorgängers mit großer Spannung.
»Eine Frage habe ich noch«, traut sich schließlich der junge Journalist, »woran erkennt man, ob ein Politiker die Wahrheit sagt?«
»Nichts einfacher als das«, antwortet der alte Hase. »Wenn ein Politiker seine Haare glattstreicht, sagt er die Wahrheit. Wenn ein Politiker sich an die Nase greift, sagt er die Wahrheit. Daß er lügt, erkennt man sofort: Er macht den Mund auf.«

*

Der Abgeordnete speist im Restaurant. »Schmeckt es Ihnen?« fragt der Ober.
»Danke, es geht«, erwidert der Politiker. »Leider haben die Kartoffeln die absolute Mehrheit!«

»In meinem Beruf weiß man nie, was morgen passiert.«
»Sind Sie Politiker?«
»Nein, Meteorologe.«

Es sagte Heide Simonis:

»In der Politik wird die Hälfte mit dem Hirn entschieden und die andere mit dem Hintern.«

»Als ich Ihnen das letzte Mal streng vertraulich etwas mitgeteilt habe, war in Ihrer Zeitung kein Wort davon zu lesen«, beschwert sich ein Politiker bei einem Journalisten.

Es sagte Wolfgang Gruner:

»Diäten sind leichtverdauliche Tagesspesen für Abgeordnete.«

Drei Männer diskutieren darüber, wer von ihnen den ältesten Beruf der Welt ausübt. »Das bin ich«, sagt der Chirurg. »Denn bekanntlich steht in der Bibel, daß Adam eine Rippe entnommen wurde, um Eva zu schaffen.«
»Da bin ich anderer Meinung«, erklärt der Ingenieur. »Die Erde entstand in sechs Tagen aus dem Chaos. Das war das Werk von Technikern.«
»Das stimmt«, antwortet der Politiker. »Aber wer schuf das Chaos?«

SCHON ALS KIND WOLLTE ICH ABGEORDNETER WERDEN ODER ÜBERHAUPT NICHTS.
NUN HAST DU JA BEIDES GESCHAFFT.

Wußten Sie schon
... daß manche Politiker noch mehr Mist machen, als das Fernsehen zeigen kann?

Es sagte Manfred Rommel:

»Die Eule ist ein Symboltier für Politiker: Sie ist nur in der Dunkelheit erfolgreich, verzichtet nicht auf die kleinste Beute und hat das ganze Jahr über Schonzeit.«

Der Politiker besucht eine Nervenheilanstalt. Erzählt der Direktor: »Ich habe meine eigenen Methoden, den Intelligenzgrad der Patienten festzustellen. So frage ich zum Beispiel: Cook hat drei Weltreisen gemacht. Auf welcher ist er gestorben?«
»Interessant«, sagt der Politiker. »Doch ich finde die Frage gar nicht so leicht. Nicht einmal für mich. Ich bin nämlich in Geschichte etwas schwach.«

*

Erzählt ein kleiner Junge auf dem Schulhof: »Mein Onkel ist Märchenerzähler.«
»O ja«, sagt ein anderer, »meiner ist auch Politiker.«

*

»Warum wollen Sie denn eigentlich in Ihrem Alter noch Schauspielunterricht nehmen? Wollen Sie zum Theater oder zum Film?«
»Weder noch: Ich bin als Abgeordneter in den Bundestag gewählt worden!«

»Seit Jahren bin ich mit einem Abgeordneten befreundet«, erzählt Lydia ihrer Freundin, »aber aus einer Heirat ist nichts geworden.«
»Und warum nicht?«
»Ja, weißt du, jedesmal, wenn ich ihn frage, ob wir heiraten sollten, enthält er sich der Stimme!«

Es sagte Konrad Adenauer:

»Es gibt zwei Wege für den politischen Aufstieg: Entweder man paßt sich an oder man legt sich quer.«

Der Herr Bundestagsabgeordnete kommt zum Hautarzt, um ihn wegen eines Ausschlages zu befragen. »Woher kommt das nur?«
»Das kommt sicher daher«, erwidert der Arzt, »daß Ihre politische Immunität nicht auch im Privatleben wirksam ist.«

Es sagte Helmut Schmidt:

»Journalisten sind wie Politiker – sie reichen vom Verbrecher bis zum Staatsmann.«

»Schon als Kind wollte ich gern Abgeordneter werden oder überhaupt nichts.«
Darauf der Freund: »Nun hast du beides geschafft.«

Vor Gericht stand ein Mann, der angeklagt war, sich bei der Wahl zum Unterhaus seine Stimme sowohl vom liberalen als auch vom konservativen Kandidaten hatte abkaufen lassen.

»Geben Sie zu«, fragte der Richter, »dreißig Shilling vom konservativen Kandidaten erhalten zu haben?«

»Ja, Mylord.«

»Geben Sie des weiteren zu, dreißig Shilling vom liberalen Kandidaten erhalten zu haben?«

»Ja, Mylord.«

Der Richter war für einen Moment sprachlos. »Aber hören Sie«, schrie er dann, »wie haben Sie denn gewählt?«

»Nach meinem Gewissen, Mylord!«

Es sagte Winston Churchill:

»Am faulsten sind die Parlamente, die am stärksten besetzt sind.«

»Das müßte Ihnen doch die
tausend Mark wert sein.«

oder

Die Regierung hängt allen zum Halse heraus

»Mein Nachbar sieht schwarz!«
»Das ist doch kein Wunder – bei dieser Regierung!«

Es sagte Eugen Gerstenmaier:

»In der Politik ist man von so vielen schrecklichen Kerlen umgeben.«

Was ist der Unterschied zwischen Bluejeans und der Regierung?
Gar keiner. An allen entscheidenden Stellen sind Nieten.

Es sagte Amintore Fanfani:

»In der Koalition ist es ganz natürlich, daß der Schwanz mit dem Hund zu wedeln versucht. Es kommt darauf an, ob der Hund sich das gefallen läßt.«

Was ist das beliebteste Möbel jeder Regierung? Die lange Bank, auf die alles geschoben wird.

*

»Wie lange hält die sozialliberale Koalition noch?«
»Bis zum 31. Dezember.«
»Weshalb?«
»Dann ist endlich das Jahr der Behinderten zu Ende.«

Ein Referent kommt morgens atemlos eine halbe Stunde zu spät. Er hechelt: »Tut mir leid, Herr Bundeskanzler, ich habe verschlafen.«
Kommentar: »Was denn, zu Hause schlafen Sie auch noch?«

*

Was ist der Unterschied zwischen der Regierung und Hämorrhoiden?
Die Regierung hängt allen zum Hals heraus.

Es sagte Konrad Adenauer;

»Wenn man in der Politik mit einem Problem überhaupt nicht mehr fertig wird, setzt man dafür einen Ausschuß ein.«

Warum tappt das Bundeskabinett so oft im dunkeln?
Es fehlt eine Leuchte.

Es sagte Georges Clemenceau:

»Eine Regierung soll ihre Sünden gleich am Anfang begehen, dann bleibt ihr genug Zeit für die Reue.«

Was ist flüssiger als Wasser?
Die Regierung. Die ist überflüssig.

Ein Mann zahlt bei der Bank 1000 Mark ein und fragt: »Wer garantiert eigentlich für mein Geld?«
Der Bankbeamte: »Die Regierung.«
»Und wenn die in die Binsen geht?«
Der Bankbeamte: »Das müßte Ihnen doch die tausend Mark wert sein.«

*

Was passiert, wenn man die Regierung in die Wüste schickt?
Zunächst gar nichts. Dann wird der Sand teurer.

Es sagte Heinrich Lübke:

»Leider ist es so, daß manche Menschen gegen die Befolgung guter Sitten nahezu immun sind; warum sollten die gerade in Kabinetten besonders zahlreich vertreten sein?«

Im Bundeskanzleramt sind zwei Referenten aneinander geraten und beschimpfen sich gegenseitig. »Und Sie sind ein verdammter Trottel«, sagt der eine.
»Der Trottel, der hier rumrennt, sind ja wohl immer noch Sie«, antwortet der andere.
Mischt sich der Dienstherr ein: »Meine Herren, ich glaube, Sie haben vergessen, daß ich auch noch hier bin.«

*

Zwei Männer unterhalten sich. »Wollte Ihr Bruder nicht in die Regierung? Was macht er jetzt?«
»Nichts – er ist drin...«

Warum bevorzugen die Regierungsmitglieder mehr und mehr Wagen mit Automatik?
Da brauchen sie nicht so viel zu arbeiten.

Es sagte Franz Josef Strauß:

»Unsere Aufgabe wird es sein, uns nicht so sehr mit den Seelenqualen der Hummer- und Sekt-Etage, sondern mit den Problemen der Leberkäs- und Bierschwemme zu beschäftigen.«

»Was ist der Unterschied zwischen einem Telefonhäuschen und der Regierung?«
»Beim Telefonhäuschen muß man erst zahlen und dann wählen!«

Es sagte Dieter Hildebrandt:

»Die Mehrheit regiert wie eine Brauerei: Sie trennt sich ungern von alten Flaschen.«

»Sind wir eine Bananenrepublik?«
»Nein. Das Wetter ist zu schlecht!«

»Ich bin eben seit gestern
klüger geworden.«

oder

**Der Bundeskanzler
hat die Wahrheit gepachtet**

»Wenn ich mal einen Fehler gemacht habe, dann bin ich auch klug genug, darüber zu lachen«, gibt der Kanzler freimütig zu.
»Da müssen Sie aber ein fröhliches Leben führen!«

*

Der Kanzler bei einem Gipfeltreffen. Er liest seine Rede ab und stellt sich zu den anderen Politikern. Dann tritt der englische Premier ans Pult und antwortet improvisiert. Beugt sich Kohl zu seinem Nachbarn und flüstert: »Nicht mal lesen kann der.«

*

»Der Kanzler will bei ›Wetten, daß...?‹ mitmachen.«
»Womit denn?«
»Er will von zehn Postautos mindestens sieben an ihrer Farbe erkennen!«

Es sagte Helmut Kohl:

»Ich will unbedingt ich selbst bleiben. Ich halte mich nicht für geeignet, in die Spitzenklasse der Schauspieler vorzudringen.«

Adenauer geht mit seinem Enkel spazieren. »Na«, fragt er den Vierjährigen, »weißt du schon, was du einmal werden willst?«
»Bundeskanzler.«
»Das geht leider nicht, denn nach der Verfassung kann nur einer Bundeskanzler sein, und der bin ich.«

Der Kanzler hat einen neuen Wintermantel – aus Kamelhaar.
Meint der Oppositionsführer anerkennend: »Der sitzt wie angewachsen.«

*

Wird der Fernsehstar gefragt: »Wieviel Geld bekommen Sie für eine Rolle?«
»Vierzigtausend Mark!«
»Dann erhalten Sie ja mehr als der Bundeskanzler.«
»Klar. Aber der spielt ja auch keine Rolle.«

*

Ein Mann kommt ins Bundeskanzleramt und sagt: »Ich habe gehört, hier ist noch ein Posten frei.« Der Kanzler hört das zufällig und fragt: »Sind Sie verrückt, Mann?«
»Nein, ist das die Bedingung?«

Es sagte Winston Churchill:

»Im Krieg kann man nur einmal getötet werden, in der Politik aber viele Male.«

Eine Delegation kirchlicher Würdenträger erscheint bei Adenauer und trägt ihm bestimmte Wünsche auf kulturpolitischem Gebiet vor. Adenauer lehnt ab.
»Dazu können wir aber nicht Ja sagen!« erklärt der Wortführer der Delegation.
»Meines Erachtens hat die Kirche weder Ja noch Nein zu sagen, sondern ausschließlich Amen.«

»Herr Bundeskanzler, Sie hatten versprochen, daß es diesen Sommer mit der Wirtschaft bergauf gehen sollte.«
»Das stimmt, aber sagen Sie selbst, hatten wir dieses Jahr einen Sommer?«

Es sagte Helmut Kohl:

»Ein Bundeskanzler, der mit seiner Arbeit zufrieden ist, ist rücktrittsreif. Ich will alles noch besser machen.«

»Na, Herr Bundeskanzler, worunter leiden Sie denn?« fragt sein Arzt.
»Unter Unschlüssigkeit. Aber ich bin mir nicht ganz sicher.«

Es sagte Franz Josef Strauß:

»Mein schauspielerisches Talent ist nur Mittelklasse. In der Kunst der politischen Verstellung gibt es größere Meister als mich.«

Besorgt ruft der Generalsekretär beim Hausarzt des Kanzlers an: »Meinen Sie nicht auch, daß die vielen Witze, die über den Bundeskanzler gemacht werden, allmählich an die Grenze seiner psychischen Belastbarkeit gehen?«
»Achten Sie einfach darauf, daß ihm keiner die Pointen erklärt!«

Der Kanzler braucht eine neue Brille. Fragt der Optiker: »Kurz- oder weitsichtig?«
»Durchsichtig!«

*

Nach einer Kabinettssitzung kommt ein Minister auf Adenauer zu und hält ihm entrüstet vor: »Gestern haben Sie doch genau das Gegenteil von dem gesagt, was Sie heute behauptet haben!«
»Durchaus möglich«, erwidert Adenauer. »Ich verstehe nur nicht, was Sie daran verwundert. Ich bin eben seit gestern klüger geworden.«

*

»Die Partei will den Kanzler für den Nobelpreis vorschlagen.«
»Für welchen?«
»Die Entscheidung behält sich der Kanzler noch vor.«

Es sagte Felix von Eckardt:

»Konrad Adenauer log nicht, zumindest nicht unter vier Augen.«

»Hier Bundesamt für Verfassungsschutz. Spricht dort der Kanzler?«
»Ja.«
»Herr Bundeskanzler, wir haben entdeckt, daß es in Ihrem Vorzimmer eine undichte Stelle gibt.«
»Kein Problem, ich werde sofort einen Dachdecker bestellen.«

»Meine Prophezeiungen stimmen immer, nur die tatsächlichen Entwicklungen sind manchmal falsch«, sagt der Kanzler und lächelt.

*

»Der da, der lügt, das weiß ich. Und ich bleibe auch nicht immer bei der Wahrheit. Das weiß er. So verstehen wir uns ganz gut«, sagte Konrad Adenauer und wies augenzwinkernd auf einen Journalisten hin.

*

Der Kanzler hat seine Jungfernrede gehalten. Selbstverständlich hört seine Frau zu.
»Wie war ich?« fragt der Kanzler seine Frau, die Zeugin seines Triumphs.
»Glänzend«, erwidert sie. »Besonders hat mir imponiert, wie überzeugend und folgerichtig du alle wichtigen Fragen umgangen hast!«

Es sagte Helmut Kohl:

»Politik wird Gott sei Dank immer noch mit dem Kopf und nicht mit dem Kehlkopf gemacht.«

Im Bundestag wird über die künftige Bundeswehr debattiert. Der Oppositionsführer Ollenhauer bemerkt tadelnd, daß Bundeskanzler Adenauer gerade bei dieser wichtigen Sitzung nicht anwesend sei. Ollenhauers Bemerkung wird Adenauer hinterbracht.
Dazu Adenauer: »Der will ja nur, daß ich komme, damit er sagen kann, ich soll gehen.«

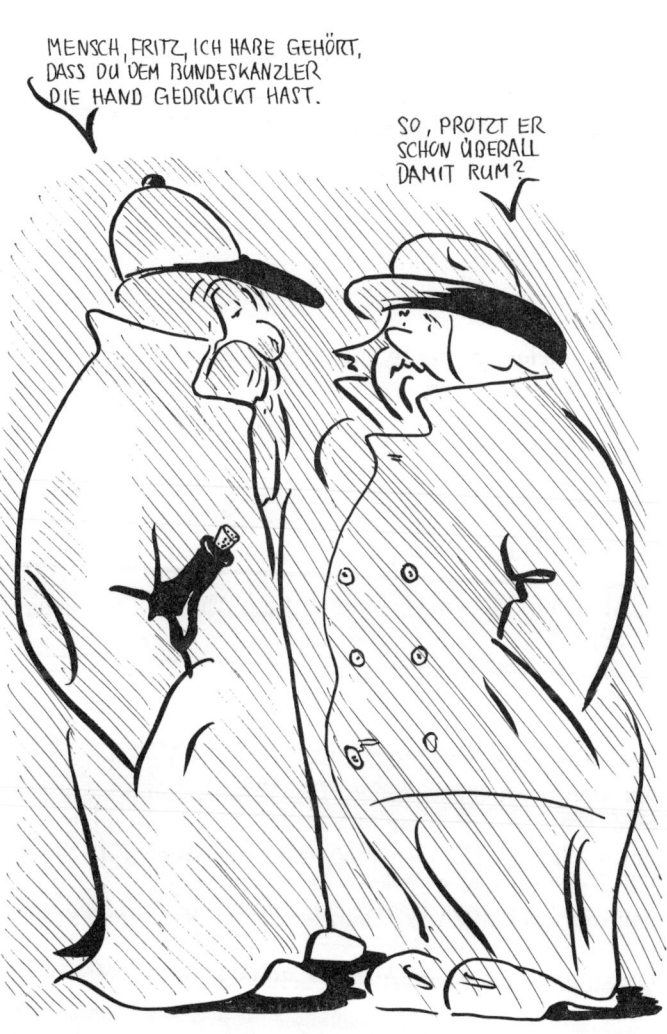

»Alles, was Ihnen fehlt, sind Hörner, dann wären Sie ein perfekter Esel«, sagt jemand zum Kanzler.
»Aber Esel haben doch keine Hörner«, wundert der sich.
»Na, dann sind Sie ja bereits perfekt.«

*

Sagt ein Landstreicher zum anderen: »Mensch, Fritz, ich habe gehört, daß du neulich dem Bundeskanzler die Hand gedrückt hast.«
»So, protzt er schon überall damit rum?«

*

»Der Kanzler hat heute vor dem Bundestag eine interessante Rede gehalten.«
»Wieso – hat man ihn nicht reingelassen?«

Es sagte Konrad Adenauer:

»Ein Bundeskanzler hat nicht die Wahrheit für sich gepachtet. Ich bin Zeuge dafür, daß das so ist.«

Ein deutscher Facharbeiter hat in einem Preisausschreiben den 3. Preis gewonnen. Der Veranstalter erklärt ihm: »Sie können an einer Bundestagssitzung teilnehmen, dann folgt ein großes Mittagessen, anschließend können Sie dem Bundeskanzler die Hand schütteln.«
Sagt der Facharbeiter: »Dem würde ich lieber mal kräftig in den Hintern treten.«
Darauf der Veranstalter: »Das geht leider nicht, das ist der erste Preis!«

Bei einem Bankett wird Adenauer von einem ausländischen Diplomaten gefragt: »Was würden Sie tun, wenn Sie nicht Bundeskanzler wären, sondern Finanzminister?«
»Ich würde mit mir tauschen.«

Es sagte Helmut Kohl:

»Perfekte Fremdsprachenkenntnisse sind sicher nützlich, aber man sollte sie nicht überschätzen. Bei der Wahl bewarb ich mich nicht um die Stelle eines Dolmetschers.«

Der Bundeskanzler will jetzt Esperanto lernen. Er meint, daß er deswegen im Sommer sogar drei Wochen hinfahren will.

Es sagte Hannelore Kohl:

»Ich mische mich nicht ein. Das sollen die tun, die dafür gewählt sind.«

»Haben Sie mal eine Minute Zeit?« fragt der Oppositionsführer.
»Aber natürlich, für Sie immer«, sagt der Kanzler.
»Gut, dann erzählen Sie mir mal alles, was Sie über Politik wissen.«

Der Kanzler und ein Gast gehen zur Jagd.
»Finden Sie nicht auch, daß es Jagdhunde gibt, die klüger sind als ihre Herrchen?« will der Gast wissen.
»Genau so einen habe ich«, stimmt der Kanzler zu.

Es sagte Kurt Biedenkopf:

»Der Kanzler ist ein hervorragender Rhetoriker, er ist ein hervorragender Schauspieler, er kann glänzend repräsentieren – aber er gibt uns keine Richtung an, er führt nicht.«

Was ist der Unterschied zwischen dem amerikanischen Präsidenten und dem Kanzler?
Da gibt's so gut wie keinen, aber der Präsident kann Englisch.

Es sagte Helmut Kohl:

»Meine Mutter hat leider nicht mehr erlebt, wie populär der Name Helmut werden kann.«

»Was sind das für Klopfgeräusche im Keller?« fragt ein Mann im Kanzleramt.
»Erinnern Sie sich nicht? Der Bundeskanzler hatte doch bei Amtsantritt angeordnet, daß seine Popularitätskurve laufend in die Wand gemeißelt wird.«

WIE VIELE WITZE GIBT ES ÜBER DEN BUNDESKANZLER?
– GAR KEINEN. ALLE SIND WAHR.

Der Kanzler steht händeringend mit seiner Rede zur Lage der Nation im Kanzleramt vor dem Zerhacker. Kommt ein Minister vorbei und fragt: »Kann ich Ihnen helfen, Herr Bundeskanzler?«

»Ja, wie funktioniert bloß dieses Gerät hier?«

Der Minister nimmt Kohl das Manuskript ab, steckt es in die Maschine und schaltet sie ein. »Schon fertig«, strahlt er stolz.

»Wunderbar«, lobt ihn der Kanzler, »aber wo kommen jetzt die Kopien raus?«

*

»Wie viele Witze gibt es über den Bundeskanzler?«

»Gar keinen. Alle sind wahr.«

*

Der Bundeskanzler, der sich trotz aller gegenteiligen Behauptungen insgeheim doch über die vielen Witze auf seine Kosten ärgert, will endlich wissen, wer diese eigentlich erfindet. Also wird eine Greiftruppe zusammengestellt, und tatsächlich – sie wird fündig. In einer einsamen Gegend entdeckt man einen merkwürdigen alten Mann, der sich ständig diese Bösartigkeiten ausdenkt. Er wird mitgenommen und vor den Kanzler gebracht.

»Herr Bundeskanzler«, verteidigt er sich, »diese Witze habe ich schon immer gemacht. Zu Kaisers, zu Führers und auch zu Honeckers Zeiten.«

»Okay«, meint der Kanzler immer noch beleidigt, »bei den Typen kann man's ja verstehen. Aber heute! Da geht alle Macht vom Volke aus, gemeinsam schaffen wir Wohlstand und Sicherheit für alle, und im Mittelpunkt der Politik steht der Mensch.«

»Das ist ja interessant«, sagt der uralte Mann, »aber der ist nicht von mir.«

»Was ist der Unterschied zwischen einem Spitzentennis-
spieler und unserem Kanzler?«
»Von dem Spieler will man immer noch einen Satz...«

*

Während einer erregten Diskussion über die Diätenerhö-
hungen sagt der Kanzler zu dem Finanzminister: »Du bist
der größte Idiot, den ich kenne!«
Der Finanzminister antwortet trocken: »Vergiß dich
nicht.«

Es sagte Konrad Adenauer:

»Wer sich ärgert, der büßt die Sünden anderer Menschen.«

**»Du hast die Nacht wieder
auf einer Parteisitzung zugebracht.«**

oder

Politiker sind auch nur Menschen

»Weißt du eigentlich, daß der Vorsitzende seine Partei verlassen hat?«
»Nein, wie schrecklich. Und wie geht es ihr?«
»Inzwischen hat sie sich etwas beruhigt, aber zuerst sah es so aus, als würde sie verrückt vor Freude.«

Es sagte Harold Macmillan:

»Politik ist die Kunst des Möglichen, aber auch die Wissenschaft vom Unmöglichen.«

Wißt ihr, warum der Papst unbedingt zum FDP-Parteitag kommen will?
Weil er immer da sein möchte, wo das Elend am größten ist!

Es sagte Hans-Jochen Vogel:

»Die Partei, die hundertprozentig meinen Vorstellungen entsprach, hätte wahrscheinlich nur aus mir selbst bestanden.«

Bei Schneiders klingelt es. Klein-Dieter öffnet.
»Wer war's denn?« fragt Vater Schneider.
»Irgendeiner von den Grünen!«
»Wieso von den Grünen?«
»Er hat was von ›Drauß' vom Walde komm' ich her...‹ gemurmelt!«

Gibt ein Politiker damit an, ›einstimmig‹ gewählt worden zu sein, so kann dies bedeuten, daß er mit nur einer Stimme, meist seiner, gewählt worden ist.

*

In der Redaktion des Parteiblatts.
»Haben Sie den Vorsitzenden interviewt?« fragt der Chefredakteur einen Reporter.
»Jawohl.«
»Was hat er gesagt?«
»Nichts.«
»Ausgezeichnet. Schreiben Sie es gleich. Aber nicht mehr als drei Manuskriptseiten.«

Es sagte Spiro Agnew:

»Wer Senator Fullbright um außenpolitische Ratschläge ersucht, kann ebensogut den Würger von Boston um eine Nackenmassage bitten.«

»Warum warst du denn nicht auf dem letzten Parteitag?«
»Wenn ich gewußt hätte, daß es der letzte ist, wäre ich bestimmt gekommen.«

*

Ein hoher Regierungsbeamter sagt zu seinem Fraktionskollegen: »Ich werde von den Mitgliedern meiner Partei neuerdings mit Exzellenz angesprochen.«
»Das ist nicht viel«, meint der andere. »Als ich neulich im Parlament eine Rede hielt, empfing man mich mit dem Rufe ›Ach, du lieber Gott‹!«

»Politik ist mein Hobby, mit Begeisterung bin ich dabei...«
»Hast du auch ein Parteibuch?«
»Eins...?«

Es sagte Franz Josef Strauß:

»Grundsätze muß man so hoch hängen, daß man notfalls darunter durchgehen kann.«

Der achtjährige Sohn eines Bundestagsabgeordneten fragte seinen Vater: »Was ist ein Verräter, Papa?«
»Ein Verräter, mein Sohn, ist ein Mann, der unsere Partei verläßt und zu einer anderen übertritt.«
Der Junge war mit dieser Antwort nicht ganz zufrieden.
»Und wie nennt man dann den, der aus einer anderen Partei in eure übertritt, Papa?«
»Das ist ein Bekehrter, der zur Vernunft gekommen ist.«

Es sagte Helmut Kohl:

»Ich hatte gehofft, daß mich die Grünen im Bundestag aus ihrer Liebe zum Vegetarischen etwas günstiger behandeln. Ich tröste mich aber mit dem Gedanken, daß sie auch keinen Vogelschutzverein gegründet haben.«

Kennen Sie das erfolgreichste Buch aller Zeiten?
Das Parteibuch!

Zwei Mitglieder der Bundestagsfraktion der Grünen melden beim Standesamt ihr Kind an.
»Junge oder Mädchen?« fragt der Beamte, worauf die Grünen erwidern: »Das soll es später einmal selbst entscheiden!«

Es sagte Heinrich Lübke:

»Wenn Sie von dem neuen Bundespräsidenten etwas Negatives hören, dann denken Sie: Er ist noch in der Lehre.«

Parteimitglieder sind nicht immer sehr freundlich zueinander. Einer kritisierte einen Gesetzesentwurf seiner Fraktion und sagte: »Als ich den Text zum erstenmal las, dachte ich, ich sei blödsinnig!«
»Aber Herr Kollege«, ruft ein anderer laut dazwischen, »solche allbekannten Tatsachen brauchen Sie uns doch nicht immer wieder mitzuteilen!«

*

Der kleine Sohn eines CDU-Abgeordneten und das Töchterchen eines SPD-Politikers spielen nackt im Sandkasten. Fragt das Töchterchen den Jungen: »Was hast du denn da, Hänschen?«
»Das ist mein Pipimännchen!« sagt der Junge.
Fragt der Junge das Mädchen: »Was hast du denn da, Rosi?«
»Das ist mein Schlitzchen!«
Sagt der Junge: »So groß also ist der Unterschied zwischen uns und den Sozis!«

»Nicht wahr, Sie reisen viel?« fragt ein Abgeordneter einen Fraktionskollegen.
»Das stimmt«, gibt dieser zu, »aber woher wissen Sie das?«
»Sie schwärmen so viel vom Familienleben.«

Es sagte Franz Josef Strauß:

»Die CDU ist das Frachtschiff, die CSU der Zerstörer.«

»Erst wenn ich tot bin«, seufzt der Schatzmeister der Partei, »wird man die ganze Wahrheit über mich erfahren!«
»Tröste dich«, meint da sein Kollege, »dann bist du ja in Sicherheit!«

*

Ein Abgeordneter liegt im Krankenhaus. Nach zwei Tagen erhält er einen Brief von seinen Fraktionskollegen: »Wir wünschen Ihnen, daß Sie bald wieder gesund werden, mit achtundsiebzig zu neununddreißig Stimmen bei fünfzehn Enthaltungen.«

*

Ein Abgeordneter hat rechts und links eine Mappe unter dem Arm. »Was haben Sie in der rechten Mappe?«
»Überzeugende Argumente für die neue Gesetzesvorlage!«
»Und in der linken Mappe?«
»Überzeugende Argumente gegen die neue Gesetzesvorlage!« sagt er lächelnd und fügt hinzu: »Unsere Fraktion weiß nämlich noch nicht genau, welcher Meinung sie sich anschließen soll!«

Bei einer Diskussion in der Fraktionssitzung findet ein Redner kein Ende.

»Wissen Sie eigentlich, was nachher kommt?« fragt ein Volksvertreter seinen Nachbarn.

»Ich glaube«, sagt der andere gähnend, »danach kommt Mittwoch.«

*

Ein Parteisekretär kommt spätnachts nach Hause. »Wo kommst du her?« stellt ihn seine Frau zur Rede.

»Ach, weißt du, ich habe bis zehn im Bundeshaus gearbeitet. Als ich aus dem Haus ging, habe ich eine Bekannte getroffen. Sie sah phantastisch aus! Was soll ich lange reden... es ist halt passiert, tut mir leid.«

»Hör schon auf«, unterbricht seine Frau ihn ungeduldig, »immer diese Ausreden. Du hast die Nacht wieder auf einer Parteisitzung zugebracht.«

Es sagte Marianne Strauß:

»Die Farbe Grün findet mein Mann sehr sympathisch. Deshalb tut es ihm leid, daß er das Wort so oft bei der Benennung von Gegnern verwenden muß.«

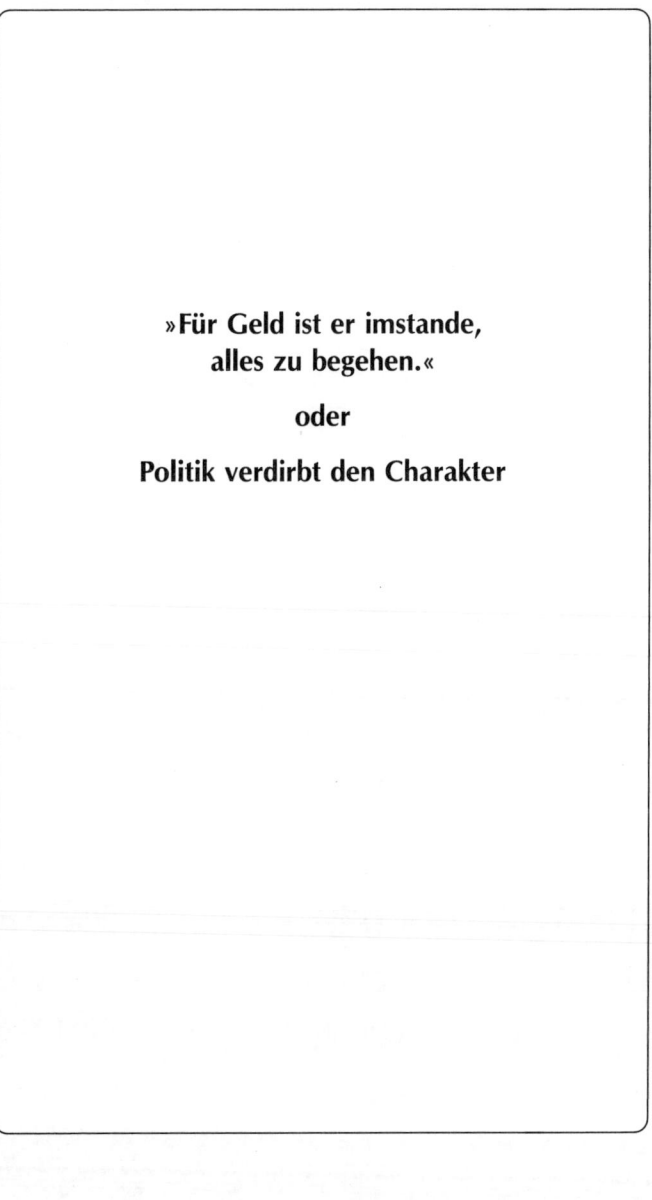

»Für Geld ist er imstande,
alles zu begehen.«

oder

Politik verdirbt den Charakter

Ein Bauarbeiter, ein Priester und ein Politiker sterben zur gleichen Zeit. Als sie zu dritt vor der Himmelspforte stehen, erklärt Petrus mit großem Bedauern: »Ich würde euch gerne Einlaß gewähren, aber das Tor ist defekt. Vielleicht könnte einer von euch es reparieren, die himmlische Verwaltung würde dafür bezahlen.«

»Für zwanzig Mark«, drängt sich der Bauarbeiter in den Vordergrund, »könnte ich das Tor in zehn Minuten repariert haben.«

»Und wieviel würdest du verlangen?« wendet sich Petrus an den Priester.

»Bei mir würde es sechzig Mark kosten: zwanzig für die Waisen, zwanzig für die Witwen und zwanzig für den Klingelbeutel«, antwortet der Geistliche.

»Und bei dir, mein Sohn?« fragt Petrus den Politiker.

»Ich kriege das für zweihundertzwanzig Mark hin«, flüstert der Politiker dem Heiligen zu.

»Aber warum so teuer?« fragt Petrus erstaunt.

»Nun«, erklärt der Politiker, »hundert für mich, hundert für dich, und mit dem Rest bezahlen wir den Bauarbeiter.«

Es sagte Disraeli:

»Jeder Arzt und jeder Politiker hat seine Lieblingsdiagnose.«

In der Vorhalle des Bundestagsgebäudes stellt ein Mitglied der Regierung den Regierungschef, mit dem er Meinungsverschiedenheiten hat, und ruft schließlich: »Halten Sie mich eigentlich für einen Dummkopf?«

»Durchaus nicht«, erwidert der andere, »aber natürlich kann ich mich irren.«

»Das menschliche Gehirn ist doch etwas Erstaunliches«, sagte ein Bekannter zu Anthony Eden, als die beiden über die Wunder der Natur diskutierten. »Es beginnt zu arbeiten in dem Augenblick, in dem man geboren wird, und endet erst dann, wenn...«

»...wenn«, fuhr Eden fort, »wenn ein Politiker aufsteht, um eine Rede zu halten!«

*

Der hohe Staatsgast ist eingetroffen. Eine jubelnde Menschenmenge säumt den Weg. Geschütze feuern Salut. »Stümper!« meldet sich da einer der Zuschauer: »Einundzwanzig Schuß – und nicht ein Treffer!«

Es sagte Henry Kissinger:

»Was die Frauen an mir anziehend finden, ist die Macht. Macht kann sehr sexy sein.«

Die Abteilung Entwicklungshilfe des Auswärtigen Amtes in Bonn schreibt den Posten eines leitenden Beamten aus. Viele Bewerbungsschreiben laufen ein. Nachdem sie sorgfältig gesiebt worden sind, bleiben drei Bewerber übrig. Der erste ist Dr. phil., Afrikanist, kennt den ganzen Erdteil wie seine Hosentasche und beherrscht dreißig Negerdialekte in Wort und Schrift. Der zweite ist Jurist, Rechtsberater einer bedeutenden Exportfirma, spricht fließend Arabisch und hat Erfahrungen in allen Ländern des Nahen Ostens. Der dritte ist ein Kunsthistoriker von internationalem Rang und geht in sämtlichen Regierungspalästen der Dritten Welt ein und aus. Wer hat den Posten bekommen? Der Neffe von Adenauer.

Breschnew war in Bonn und hat Helmut Schmidt besucht. Nach dem Abflug steht Schmidt am Flughafen und guckt dem Flugzeug hinterher.

Nach einer halben Stunde kommt Genscher und fragt: »Helmut, was guckst du denn noch, das Flugzeug ist doch schon längst weg.«

Schmidt antwortet: »Eines muß man dem alten Knacker lassen, küssen – das kann er.«

*

Auf einem Staatsempfang unterhält sich ein Diplomat mit einem hohen Sowjetgeneral, dessen Uniform mit Reihen von Orden übersät ist. Plötzlich eilt ein Sicherheitsbeamter herbei. »Haben Sie geläutet?«

»Nein. Der General hat geniest!«

Es sagte Georges Clemenceau:

»Der bequemste Standplatz ist prinzipiell auf den Zehen der politischen Gegner.«

Lady Astor war eine der ersten weiblichen Abgeordneten des englischen Unterhauses. Zwischen ihr und Winston Churchill gab es ständig Krach.

Als Churchill sie wieder einmal schwer gereizt hatte, sprang sie auf und rief ihm zu: »Sir Winston, wenn ich das Unglück hätte, mit Ihnen verheiratet zu sein – ich glaube, ich würde Ihnen Gift geben.«

Ruhig wandte sich Churchill ihr zu: »Lady Astor, wenn ich das Unglück hätte, mit Ihnen verheiratet zu sein – ich glaube, ich würde es nehmen.«

Die Schriftstellerin Gertrude Atherton kannte Winston Churchill schon, als dieser noch eins der jüngsten Parlamentsmitglieder war. Sie war von Person und Treiben des jungen Mannes nicht sonderlich begeistert. Als sie ihn einmal auf einer Gesellschaft traf, sagte sie deshalb etwas schnippisch zu ihm: »Wissen Sie, Winston, es gibt zwei Sachen, die ich an Ihnen nicht mag: Ihren Schnurrbart und Ihre Politik.«

»Keine Sorge, Mylady! Sie werden mit beiden nicht in Berührung kommen!«

Es sagte Hermann Höcherl:

»Den Titel Schlitzohr verdanke ich Konrad Adenauer. Ich empfinde ihn als Auszeichnung. Allerdings war Adenauer ein viel größeres Schlitzohr als ich. Seine Dimensionen konnte ich bei allem Bemühen nicht erreichen.«

Beratung der Entente-Vertreter während der Friedensverhandlungen von Versailles. Um zwölf Uhr mittags hebt Clemenceau die Sitzung auf. »Wann treten wir nachmittags zusammen?« fragt er. Orlando, der Vertreter Italiens, bittet, ihm nach dem Mittagessen eine kurze Ruhepause zu gönnen. Der amerikanische Staatssekretär Lansing dagegen möchte sich vor dem Dinner ein bißchen ausruhen. Nur der britische Außenminister Lord Balfour äußert keine Sonderwünsche.

Darauf Clemenceau: »Ich schlage vor, wir treffen uns um drei Uhr nachmittags. Dann kann Herr Orlando vor der Konferenz schlafen und Mister Lansing nach der Konferenz, Herr Balfour und ich schlafen während der Konferenz.«

Martin kommt mit seinem Vater am Parlament vorbei und will wissen: »Papa, warum sind da so breite Rasenstreifen rings um das Gebäude?«
»Damit es nicht so laut klimpert, wenn das Geld zum Fenster rausgeworfen wird.«

*

Rivarol, der berühmte Aphoristiker der Französischen Revolution, sagte über den Grafen Mirabeau, der ein begeisterter Anhänger der Republik war: »Für Geld ist er imstande, alles zu begehen; selbst eine gute Tat!«

Es sagte Helmut Kohl:

»Ich halte nichts von Denkpausen, denn das würde ja bedeuten, daß man vorher nicht gedacht hat.«

Der Außenminister von Bukina Paso hat seinen Besuch angekündigt. Man brauche keinen Dolmetscher, der Mann spreche hervorragend Deutsch, heißt es. In der Flughafenhalle bestürmen Reporter den schwarzen Politiker: »Herr Minister, was ist der Zweck Ihres Besuches?«
»Zu pflegen quietsch tut pfeif die Freundschaft quietsch tut pfeif mit deutsche Volk!«
»Wen werden Sie hier treffen?«
»Bundeskanzel quietsch tut pfeif und quietsch tut pfeif den Verteidigungsminister.«
»Eine letzte Frage: Wo haben Sie so gut Deutsch gelernt?«
Da strahlt der Minister: »Durch Studienprogramm quietsch tut pfeif von Deutsche Welle!«

Ein bekannter bayerischer CSU-Politiker wurde in einer Audienz vom Papst empfangen. Der Papst erlaubte ihm, sich eine Gnade auszubitten.

»Heiliger Vater«, meinte der CSU-Mann, »es wäre gut für meine weitere politische Karriere, wenn Sie mich schon zu Lebzeiten heiligsprechen würden.«

»Zu Lebzeiten geht das nicht«, erwiderte der Papst, »das ist erst möglich, wenn Sie tot sind. Aber ich mache Ihnen einen Vorschlag: Stellen Sie sich scheintot, und ich spreche Sie mit Vergnügen scheinheilig.«

Es sagte Franz Josef Strauß:

»Everybody's darling heißt soviel wie Everybody's Rindvieh.«

Auf den Stufen des Palais de Chaillot in Paris wurde der französische Politiker und eingefleischte Junggeselle Robert Schuman von einem 14jährigen Mädchen angesprochen: »Verzeihung, Monsieur Schuman, würden Sie die Liebenswürdigkeit besitzen und mir drei Autogramme gewähren?« Mit diesen Worten hielt das Mädchen sein Notizbuch dem Ex-Außenminister Frankreichs entgegen.

»Warum ausgerechnet drei Autogramme?« fragte Robert Schuman. »Für Sie, Mademoiselle, und Ihre Freundinnen?«

»Nein, Monsieur«, erwiderte die charmante junge Dame und errötete. »Aber für drei Autogramme von Ihnen bekomme ich endlich im Tausch eines vom Schauspieler Jean Marais.«

An den Mantelhaken im Parlament steht der Hinweis: »Nur für Abgeordnete!« Ein Besucher machte eine Anmerkung: »Aber auch für Mäntel!«

Es sagte Pierre Trudeau:

»Manchmal habe ich den Verdacht, daß viele meiner Landsleute mich auch deshalb gewählt haben, weil sie mich nicht mochten und mich daher mit diesem schwierigen Amt bestrafen wollten.«

Als der Pianist Paderewski 1919 zum Präsidenten von Polen gewählt worden war, machte er bald danach eine Reise nach Paris. Dort begrüßte ihn ein bekannter Politiker mit den Worten: »Paderewski, der berühmte Pianist? Und man hat Sie zum Präsidenten von Polen gemacht? Was für ein Abstieg!«

Es sagte Helmut Kohl:

»Weiblicher Charme wirkt auch dann, wenn die Argumente schwach sind. Auch das gibt es natürlich.«

»Was ist eigentlich der Unterschied zwischen einem Bikini und General de Gaulle?« lautete eine beliebte Scherzfrage in Paris.
Die Antwort: »Es besteht überhaupt kein Unterschied. Jeder wundert sich, was ihn hält – und jeder hofft, er werde fallen!«

»Sag mal, Liebling, mußt du eigentlich ewig vom Thema Nummer eins reden? Kannst du dich nicht mal mit mir über Politik unterhalten?« fragt sie genervt.

»Politik? Aber natürlich kann ich das, mein Schatz. Glaubst du, daß der Kanzler es noch mit seiner Frau treibt?«

Es sagte Betty Ford:

»Männer mit Macht wirken nicht besonders auf mich. Mir wäre ein Klempner lieber, der keine Macht hat, aber jeden Abend regelmäßig nach Hause kommt.«

Der französische Politiker Sarrieu war vom Präsidenten der Republik mit der Regierungsbildung betraut worden. Er lud die Ministerkandidaten zu einer Besprechung ein, die mit einem Imbiß verbunden war. Einer dieser Gäste war Georges Clemenceau. Sarrieu führte ihn zum Büfett und fragte: »Was darf ich Ihnen anbieten?«

»Das Außenministerium«, erwiderte Clemenceau.

*

Wenn Politiker in den Himmel kommen, antworten sie brav auf Gottes Frage nach ihren irdischen Leistungen und lassen sich ihren Wolkenplatz anweisen. Als Franz Josef Strauß in den Himmel kam, fragte auch ihn der liebe Gott: »Nun, mein Sohn, was hast du auf Erden geleistet?«

Da sagte Strauß: »Erstens bin ich nicht dein Sohn, und zweitens sitzt du auf meinem Platz.«

Ein kurzsichtiger Diplomat war zu einem Ball in eine Botschaft geladen. Als die Kapelle zu spielen begann, meinte er, den Tanz eröffnen zu sollen. Er ging auf ein leuchtendrot gekleidetes Wesen zu und sagte: »Schöne Dame in Scharlachrot, erweisen Sie mir die Ehre, diesen Walzer mit mir zu tanzen?«

»Bestimmt nicht!« lautete die Antwort. »Erstens ist dies kein Walzer, sondern ein Tango. Und zweitens bin ich keine schöne Dame in Scharlachrot, sondern der päpstliche Nuntius.«

Es sagte Helmut Schmidt:

»Für mich ist Strauß ein zwar ungebärdiges, aber überlegenes Politikertalent, das mehr Spaß an saftigen Einfällen hat als an kontinuierlicher Langeweile. Deshalb ist Strauß immer wieder gut für eine Überraschung.«

Der Kanzler kommt ins Jenseits. Petrus befiehlt: »Melde dich bei den Bodenreinigern.«

»Was? Ich als Staatsmann? Was macht denn der amerikanische Präsident?«

»Der ist Stallbursche.«

»Und der französische?«

»Fegt die Straßen.«

»Entsetzlich. Gibt es denn gar keine Hoffnung?«

»Nicht, solange Franz Josef Strauß in der Schreibstube sitzt!«

Der SPD-Politiker und Araber-Freund Wischnewski trifft sich mit dem sudanesischen Staatschef al-Numeiri. Plötzlich sagt Numeiri in gelockerter Stimmung: »Sagen Sie mal, macht man bei Ihnen auch schlechte Witze über Ihre Regierung?«
Wischnewski: »Natürlich. Ich sammle die Witze sogar.«
Darauf al-Numeiri augenzwinkernd: »Und ich sammle die Leute, die sie machen.«

Es sagte Gustav Stresemann:

»Ein Staatsmann ist ein Politiker, der ein Ziel im Auge behält, ohne zu schielen.«

»Ich habe doch sonst nichts gelernt.«

oder

Einmal Minister – immer Minister

Ein Minister beauftragt seinen Staatssekretär, für ihn eine Rede auszuarbeiten. Als ihm der Entwurf gebracht wird, sagt er: »Das gefällt mir nicht. Das ist zu verständlich, Sie müssen das noch einmal umarbeiten.«

Drei Tage später liegt das neue Manuskript wieder vor ihm. Der Minister liest es und sagt dann wohlgefällig: »So, nun ist es gut, jetzt verstehe ich die Rede nämlich selbst nicht mehr!«

Es sagte Josef Ertl:

»Auf einem gewissen Foto leckt mich eine Kuh an der Hinterseite meiner Hose. Was diese Kuh da macht, kann jedes Rindvieh tun, das zuviel Subventionen von mir will.«

Hausfrauen diskutieren mit dem Landwirtschaftsminister. »Steigen die Preise für Schweine- und Kalbfleisch?« »Sie können unbesorgt sein, es gibt auch künftig Wurst für eine Mark.«

Es sagte Rainer Barzel:

»Wer seinen Stuhl für ein Sprungbrett hält, liegt bald auf der Nase.«

»Goethe war nicht gern Minister. Er beschäftigte sich lieber geistig«, heißt es in einem Schüleraufsatz.

»Ich freue mich, Herr Minister, Sie endlich einmal persönlich kennenzulernen. Ich habe doch schon soviel von Ihnen gehört!«
»Aber beweisen können Sie mir gar nichts...!«

Es sagte Helmut Kohl:

»Ich habe Probleme immer frontal angepackt und nie ausgesessen.«

»Sehen Sie«, sagt ein Minister bei einer Rede, »ich bin nicht auf die Universität gegangen und doch Minister geworden.«
Darauf rief jemand: »Vielleicht wäre es besser gewesen, Sie hätten studiert und wären nicht Minister geworden!«

Es sagte Hermann Höcherl:

»Man muß nach 23 Jahren Politik wieder etwas Anständiges machen, ich bin jetzt Anwalt.«

Kurze Zeit, nachdem Theodore Roosevelt zum amerikanischen Präsidenten gewählt worden war, klagte er einem Freund eines Tages sein Leid, er sei so mit Arbeit überlastet, daß ihm für den geliebten Angelsport überhaupt kein Stündchen mehr bleibe.
Worauf der Freund kopfnickend antwortete: »Ich habe es geahnt, aber hättest du vielleicht auf mich gehört? Ich bin jedenfalls schuldlos, denn ich habe dich nicht gewählt!«

Drei Pensionäre sitzen auf einer Bank. Der eine sagt immer: »Ja, ja!«, der andere »Hm, hm!«
Da packt den dritten der Zorn. »Wenn ihr jetzt nicht sofort mit dem Politisieren aufhört«, ruft er, »dann gehe ich!«

*

Empfang beim Regierungspräsidenten von Niederbayern. Großes Bankett. Zwischen zwei gleichfalls eingeladenen Großbauern sitzt der Vertreter eines afrikanischen Staates. Meint dessen linker Nachbar: »Mampf-mampf gut?«
»Gut!«
Der rechte Nachbar: »Gluck-gluck gut?«
»Gut!«
Es werden Reden gehalten und siehe da, auch der Gast aus Afrika hält eine – in fließendem Deutsch! Als er auf seinen Platz zurückkehrt, meint er zu seinen beiden Nachbarn: »Bla-bla gut?«

*

Der Wissenschaftsminister betreibt während der Dienststunden Forschung. Er fängt eine Fliege und reißt ihr beide Vorderbeine aus. »Fliege flieg!« befiehlt er. Die Fliege saust davon. Der Minister fängt sie wieder ein und reißt ihr die beiden mittleren Beine aus.
»Fliege flieg!« ruft er. Und tatsächlich, die Fliege humpelt ein paar Schritte und startet. Er fängt sie wieder ein und reißt ihr die beiden restlichen Beine aus.
»Fliege flieg!« befiehlt er. Die Fliege dreht sich auf dem Tisch, summt und schafft es. Dann rupft der Minister der Fliege den rechten Flügel aus.
»Fliege flieg!« ruft er. Die Fliege dreht sich auf dem Tisch im Kreise – nichts passiert. Da stellt der Wissenschaftsminister befriedigt fest: »Das Gehör der Fliege sitzt im rechten Flügel!«

»Ihre letzte Frage erstaunt mich«, meint der Minister am Ende des Interviews unwillig zum Reporter.
»Warum?« fragt dieser.
»Weil ich es nicht nötig habe, mir Fragen stellen zu lassen, die vorher nicht abgesprochen waren.«

Es sagte Franz Josef Strauß:

»Ich habe keine Angst, daß ich nach einem Gespräch mit dem Kanzler nicht gut aussehen könnte, denn ich nehme natürlich vorher ein Haarwaschmittel und benutze einen Fön.«

»Das Leben ist manchmal schon merkwürdig«, seufzt ein Bauer. »Mein Sohn hat das Dorf verlassen, um in der Stadt zu studieren, angeblich, weil er vom Land nichts versteht.«
»Und was ist er geworden?«
»Landwirtschaftsminister.«

Es sagte Konrad Adenauer:

»Wenn der Kerl wirklich unangenehm wird, mache ich ihn zum Minister, das wird ihn schon ruinieren.«

»Was erlauben Sie sich, mich so anzuschreien!« sagt ein Minister zum anderen: »Ich verbitte mir diesen parlamentarischen Ton!«

Kommt ein kleiner Mann zum Arbeitsamt: »Haben Sie nicht eine Beschäftigung für mich? Ich möchte am liebsten zu einer Baufirma gehen.«
»Was haben Sie denn bisher gemacht?«
»Ich war Minister!«
»Was denn, und da wollen Sie ausgerechnet zum Bau? Warum denn das?«
Meint das Männchen kleinlaut: »Ich habe doch sonst nichts gelernt, außer Grundsteinlegen.«

Es sagte Norbert Blüm:

»Ich brauche keinen Ghostwriter – ich bin für unverblümtes Reden.«

Bekleidungsvorschlag für Minister: Amtsfrack, der bei stärkerer Gemütsbewegung, in Insiderkreisen als »Fracksausen« bekannt, eine volle elektronische Rücktrittbremse in Funktion setzt.

*

Pressekonferenz. Es ist bekannt, daß der Herr Minister allen Zeitungsleuten spinnefeind ist, einer der Journalisten will ihm deshalb einen Streich spielen.
Mitten während der Fragen und Antworten bemerkt der Journalist: »Ihr Vorgänger ist jedenfalls mit reinen Händen gestorben, was man von Ihnen nicht sagen kann!«
»Was erlauben Sie sich!« schreit empört der Minister.
Der Journalist lächelt harmlos: »Ich meine – Sie leben doch noch!«

Ein Mann geht spazieren. Da hört er plötzlich aus einem Haus die Angstschreie einer Frau. Er stürzt hinein und findet eine erschrockene Mutter, die ihm aufgeregt erklärt, daß ihr kleiner Junge ein Geldstück verschluckt habe. Der Fremde packt das Kind bei den Beinen, hebt es an, so daß es mit dem Kopf nach unten hängt und schüttelt es so lange kräftig hin und her, bis ihm die Münze aus dem Mund fällt. »Dem Himmel sei Dank, daß Sie gerade vorbeikamen, Herr Doktor«, stammelt die Mutter beglückt. »Sie wußten als Fachmann sofort, was zu tun war. Was bin ich Ihnen schuldig?«

»Sie irren, liebe Frau!« erklärt darauf der Mann, »ich bin kein Arzt. Ich bin der Finanzminister.«

Es sagte Hans-Dietrich Genscher:

»Wenn man Graf Lambsdorff in die Wüste schickt, entsteht dort eine Oase, hier aber entsteht eine Wüste: Erst passiert zehn Jahre nichts, dann wird der Sand knapp.«

Was ist der Unterschied zwischen einem Känguruh und dem Finanzminister?
Keiner! Beide machen mit leerem Beutel große Sprünge.

*

»Weißt du, warum viele Minister barfuß in die Kabinettssitzung gehen?«
»Nein!«
»Damit man ihnen nicht wieder irgendein Versagen in die Schuhe schieben kann!«

In den Ministerien sitzen männliche und weibliche Angestellte neuerdings separat. Sie haben getrennte Schlafzimmer durchgesetzt.

Es sagte Gustav Heinemann:

»Wenn der rote Teppich weg ist, ist das ganze Getue um die Herrgötter im Ministersessel auch vorbei.«

Ein Minister beschließt, Urlaub auf einem Bauernhof zu machen, um sich richtig zu erholen. Er denkt an die gesunde Landluft und an die Arbeit im Freien, die seinen Kreislauf stärken soll. Als er ankommt, wird er von dem Bauern freundlich empfangen und gleich mit einer Aufgabe betraut. »Ich habe mir gedacht«, sagt der Bauer, »schwere Arbeit sind Sie nicht gewöhnt, am besten ist es, Sie sortieren Kartoffeln.«
Sofort beginnt der Minister mit seiner Arbeit. Die guten wirft er in den linken, die schlechten in den rechten Korb. Nach einer halben Stunde findet der Bauer den Minister völlig erschöpft über einen Stuhl gebeugt.
»Nanu«, sagt der Bauer, »so schnell hat Sie die körperliche Arbeit erschöpft?«
»Die Arbeit nicht«, sagt der Minister, »sondern die Entscheidungen, die man hier jede Sekunde treffen muß.«

*

Von einem Minister wird behauptet, er sei ein Wunderkind.
Wieso?
Er wußte als Baby schon so viel wie jetzt.

Fragt der Minister: »Wie kommen Sie eigentlich dazu, überall zu erzählen, daß ich steinreich sei?«
»Habe ich doch gar nicht! Ich habe nur gesagt, sie hätten mehr Geld als Verstand.«

Es sagte Konrad Adenauer:

»Es ist merkwürdig, welche Veränderungen in einem Menschen vorgehen, wenn er auf einem Ministersessel sitzt.«

Des Kanzlers Lieblingsminister ist gestorben. Er ist noch nicht unter der Erde, da meldet sich bereits ein Postenjäger. »Hätten Sie etwas dagegen, wenn ich die Stelle des Verstorbenen einnähme?«
»Nicht im geringsten«, antwortet der Kanzler, »sprechen Sie doch mal mit dem Leichenbestatter.«

Es sagte Talleyrand:

»Unwandelbarkeit in der Politik ist nur ein anderer Ausdruck für Mangel an Verstand.«

»Stimmt es wirklich, daß Sie von Ihrem Ministerkollegen behauptet haben, er sei ein Vollidiot?«
»Blödsinn! Ich verrate doch keine politischen Geheimnisse.«

Das Büro eines Ministers wird renoviert. Plötzlich klingelt das Telefon. Einer der Handwerker nimmt ab und sagt: »Heute ist hier niemand, hier wird heute gearbeitet!«

Es sagte Machiavelli:

»Ein guter Minister soll an seinem Lebensende reicher an Ruhm und guten Taten geworden sein als an Vermögen.«

Ein Minister kommt verspätet in eine Gesellschaft. »Schade«, sagt die Gastgeberin, »alle hübschen jungen Damen sind schon fort.«
»Aber, gnädige Frau«, sagt der Minister, »ich komme doch nicht wegen der hübschen Frauen – ich komme doch Ihretwegen!«

Es sagte Hans Apel:

»Als Kassenverwalter muß man auch Mut zur Unpopularität haben. Ich kann nicht ein opportunistischer Wackelpudding sein.«

Ein Passant ist auf den Rücken gefallen. Ein Minister kommt zufällig vorbei, hilft dem Ärmsten auf die Beine und scherzt: »Dafür müssen Sie aber demnächst meine Partei wählen.«
»Mein Herr«, meint der Passant, »ich bin auf den Rücken, nicht auf den Kopf gefallen.«

STIMMT ES, DASS SIE VON IHREM MINISTERKOLLEGEN BEHAUPTET HABEN, ER SEI EIN VOLLIDIOT?
BLÖDSINN! ICH VERRATE DOCH KEINE POLITISCHEN GEHEIMNISSE.

Es sagte Franz Josef Strauß:

»Ich bin nie jemand, der Prinzipien reitet, wenn er gute Grundsätze hat.«

»Hast du wieder einen Blödsinn geredet! Hoffentlich hat niemand gemerkt, daß du nicht betrunken warst«, sagt die Frau des Ministers zu ihrem Mann.

Es sagte Theo Waigel:

»Ich bin doch kein Spaßminister, sondern Finanzminister.«

Ein Jäger, ein Angler und ein Minister sind gestorben und unterwegs ins Jenseits. Dabei kommen sie auch zu dem ›Sumpf der Lüge‹: Je mehr jemand auf Erden gelogen hat, desto tiefer sinkt er hier ein.
Der Jäger, der in seinem Leben eine Unmenge Jägerlatein von sich gegeben hat, ist ganz schnell bis zur Brust eingesunken. Als er sich nach dem Angler umsieht, stellt er fest, daß der nur bis zu den Knöcheln im Morast steckt. Verwundert erkundigt er sich: »Wie ist das möglich? Du hast doch immer aus jedem mickrigen Fischlein einen kapitalen Hecht gemacht!«
»Sei still!« zischt ihm der Angler zu, »ich stehe auf dem Minister.«

HAST DU WIEDER EINEN BLÖDSINN GEREDET! HOFFENTLICH HAT NIEMAND GEMERKT, DASS DU NICHT BETRUNKEN WARST.

Warum lernt der Minister jetzt Griechisch?
Weil er mit seinem Latein am Ende ist.

Es sagte Napoleon:

»Wenn man Dummheiten macht, müssen sie wenigstens gelingen.«

»Wie lange warst du eigentlich mit dem Minister liiert, Judith?«
»Ach, nur zwei Scheckbücher lang.«

Es sagte Abraham Lincoln:

»Staatskunst ist die kluge Anwendung persönlicher Niedertracht für das Allgemeinwohl.«

Warum fahren Politiker nie mit der U-Bahn?
Weil die Lautsprecher bei jeder Haltestelle verkünden:
»Bitte zurücktreten!«